Cuentos de hadas clásicos con un giro

# Las tres cabras macho y Gruff

Escrito por Shannon Anderson

Ilustrado por Gal Weizman

Traducción de Pablo de la Vega



Un Libro de la Sirena

SEAHORSE PUBLISHING

**H**abía una vez tres cabras macho. Eran muy populares en la ladera y con frecuencia recibían invitaciones para ir a fiestas y días de campo.

La cabra macho más grande, Rudo, era muy buen panadero. Hacía unos postres maravillosos.

La cabra macho mediana, Ciro, era famoso por sus bocadillos. Hacía los mejores sándwiches de la región.

La cabra macho más pequeña, Paulo, amaba recolectar frutas y hacer brochetas de fruta.

Las cabras se preparaban para ir de día de campo a la casa de unos amigos suyos, al otro lado del puente. Paulo usó las moras y otras frutas que había cosechado esa mañana para preparar unas brochetas de fruta. Una vez terminadas, se dirigió a la fiesta.

Cuando Paulo llegó al puente, Gruff, el trol gruñón que vivía debajo, apareció.

—¿Quién se atreve a cruzar por mi puente? —dijo Gruff.

Paulo suspiró. A Gruff le gustaba crear problemas de una u otra manera.

—Soy yo, Paulo.

—Me vas a tener que entregar esas brochetas si quieres cruzar el puente.

—Si tienes hambre —dijo Paulo frunciendo el ceño—, deberías esperar a que mi hermano Ciro llegue. Está haciendo sándwiches y le quedan deliciosos. Son mucho más sustanciosos que la fruta.

Gruff lo pensó un instante.

—Los sándwiches suenan a buena idea. Ah, muy bien, cruza el puente.

Paulo trotó por el puente hacia el día de campo.

Cuando Ciro terminó de hacer sus sándwiches adornados con bellos palillos de dientes, los colocó en una canasta y se dirigió al puente. Justo cuando estaba por cruzarlo, apareció Gruff.

—¿En esa canasta hay sándwiches? —preguntó Gruff.

—¡Claro que sí! —dijo Ciro.

—Me los tienes que entregar si quieres cruzar el puente —dijo Gruff.

—Los necesito para compartirlos con mis amigos —dijo Ciro—. Si esperas un poco, mi hermano mayor, Rudo, llegará con la torta de chocolate más maravillosa que hayas comido en toda tu vida.

—¿Torta de ch... ch... chocolate? ¡No he comido una torta de chocolate en años! ¿Llegará pronto?

—Sí, en unos minutos —dijo Ciro.

—Muy bien, sigue veloz tu camino. Vale la pena esperar la torta —dijo Gruff.

No pasó mucho tiempo antes de que Rudo llegara al puente, llevando consigo su famosa torta de chocolate de tres niveles decorada con granas de dulce. Gruff lo detuvo justo antes de la entrada del puente.

—Me llevaré esa torta, muchas gracias —dijo Gruff.

—¿Disculpa? —dijo Rudo.

—Si quieres cruzar el puente, vas a tener que darme esa torta.

—O podría quedarme con esta torta que yo mismo hice, cruzar el puente y NO arrojarte fuera de mi camino —dijo Rudo—. Me dicen Rudo por algo, ¿sabes?

Luego, sucedió lo inesperado. Gruff no le respondió. Se limpió la saliva de la barbilla y comenzó a llorar.

Al principio era un gimoteo.

Luego, comenzó a llorar más fuerte.

Al final, berreaba como un bebé.

—Gruff, ¿estás bien? —preguntó Rudo.

—Sí, snif, snif. Sólo tengo mucha hambre y ahora me quedaré sin fruta, sándwiches o torta —dijo Gruff.

—Creo que tengo una idea —dijo Rudo—. Espérame aquí unos 10 minutos y recibirás una sorpresa justo en el puente.

Gruff dejó que Rudo cruzara el puente y se quedó esperando la sorpresa.

En exactamente nueve minutos y cuarenta y cinco segundos, un auto de servicio a domicilio llegó al puente. El conductor entregó a Gruff una bolsa y se retiró.

Dentro de la bolsa, Gruff encontró una manzana, un sándwich y, por supuesto, una magdalena de chocolate gigantesca cubierta de granas de dulce.

Gruff sonrió y disfrutó de su comida.

Las cabras macho se divirtieron en su día de campo.

Y... todos vivieron felices para siempre.

Escrito por Shannon Anderson
Traducción de Pablo de la Vega
Ilustrado por Gal Weizman
Diseño de Under the Oaks Media
Desarrollo de la serie de James Earley
Editora Erica Ellis

**Library of Congress PCN Data**
Las tres cabras macho y Gruff / Shannon Anderson
Cuentos de hadas clásicos con un giro
ISBN 979-8-8904-2577-5 (hard cover)
ISBN 979-8-8904-2851-6 (paperback)
ISBN 979-8-8904-2875-2 (EPUB)
ISBN 979-8-8904-2863-9 (eBook)
Library of Congress Control Number: 2024933146

Printed in Canada/012025/CP20250101

**Seahorse Publishing Company**
www.seahorsepub.com



**Published in the United States**
**Seahorse Publishing**
PO Box 771325
Coral Springs, FL 33077

SEAHORSE
PUBLISHING